CHEMIN DE FER

DE

LIBOURNE a LANGON

NOUVEAU MÉMOIRE

EN FAVEUR DU

TRACÉ PAR CADILLAC

PAR

R. DEZEIMERIS

Correspondant de l'Institut,
Conseiller général du département de la Gironde

BORDEAUX

IMPRIMERIE G. GOUNOUILHOU
11, rue Guiraude, 11

—

1882

CHEMIN DE FER

DE

LIBOURNE ᴀ LANGON

NOUVEAU MÉMOIRE

EN FAVEUR DU

TRACÉ PAR CADILLAC

PAR

R. DEZEIMERIS

Correspondant de l'Institut,
Conseiller général du département de la Gironde

BORDEAUX

IMPRIMERIE G. GOUNOUILHOU
11, rue Guiraude, 11

1882

CHEMIN DE FER

DE

LIBOURNE a LANGON

———•◦❖◦•———

Ayant, à plusieurs reprises, depuis mil huit cent soixante dix-huit, traité la question du chemin de fer de Libourne à Langon, et mon opinion ne s'étant pas modifiée, je ne puis aujourd'hui que répéter ce que j'ai dit déjà. En conséquence, je prie la Commission d'Enquête de vouloir bien accueillir, à titre de déposition principale, le mémoire ci-annexé, imprimé en mil huit cent quatre-vingt.

Je le fais d'autant plus volontiers que cet opuscule a cessé d'être exclusivement l'expression d'un sentiment personnel. C'est, en effet, en confirmation de mon mémoire que la Chambre de commerce de Bordeaux [1], le Conseil municipal de Bordeaux [2], la Chambre syndicale du commerce des vins [3] se sont prononcés pour le tracé par Cadillac.

La Chambre de commerce a même, dans sa délibération du 11 janvier, expressément adhéré à l'ensemble des considérations formulées en ce travail. Fort de ces approbations d'assemblées qui ne se paient pas de mots sonores et de vaines exagérations, je pourrais me borner à la production de ce mémoire imprimé ;

[1] Voyez, à la fin, aux *Pièces justificatives,* le document nᵒ I.
[2] Voyez, à la fin, aux *Pièces justificatives,* le document nᵒ II.
[3] Voyez, à la fin, aux *Pièces justificatives,* le document nᵒ III.

mais, dans les assertions contradictoires de ceux qui se sont occupés du chemin de fer de Libourne à Langon, dans les rapports des ingénieurs, la question a été traitée à divers points de vue spéciaux qui semblent nécessiter soit des réponses, soit des confirmations. C'est cette partie complémentaire de mon précédent travail que je désire présenter ici.

Elle sera divisée en quatre chapitres dont voici les titres :

1° Examen des mémoires et délibérations publiés par les partisans du tracé par l'Engranne;

2° Examen des souscriptions promises par les populations intéressées à chacun des deux tracés;

3° Remarques sur les rapports des ingénieurs ;

4° Résumé et conclusions.

I

Trois documents rendus publics et contraires au tracé par Cadillac sont parvenus à ma connaissance. Ce sont :

Un mémoire de M. Jullidière, conseiller d'arrondissement;

Une lettre imprimée de M. Ferbos, conseiller général;

Une délibération du Conseil municipal de Libourne, sur rapport de M. Surchamp, maire de cette ville.

Comme il est vraisemblable que ces documents seront plus ou moins reproduits par les dépositions formulées dans l'enquête, je crois devoir relever et discuter ce qu'ils offrent de plus caractéristique.

M. Jullidière, avocat chaleureux du tracé par l'Engranne, se plaint (p. 2 de son mémoire) que l'on n'ait pas l'évaluation formelle du coût respectif des tracés, évaluation qui, d'après lui, devrait rendre évidente la supériorité de la cause qu'il soutient.

La notice explicative des ingénieurs, annexée au dossier de l'enquête, répond maintenant à ce désir. D'après les appréciations des hommes de l'art, l'exécution du tracé par Cadillac coûterait 9,800,000 francs; et celle du tracé par l'Engranne, 10,000,000 de francs ; par conséquent, contrairement aux présomptions de M. Jullidière, c'est le tracé par l'Engranne qui serait le plus dispendieux.

Du moment où elles aboutissent à ce résultat, on taxera peut-être d'inexactes les évaluations des ingénieurs. Mais, pour réussir à faire admettre que leurs calculs manquent de justesse, il faudrait n'avoir point soi-même émis d'appréciations exagérées ; or, que dire de cette phrase du mémoire que nous citons (p. 2) :

« Le tracé de l'Euille comporte un souterrain de 380 mètres, » il a un remblai de 5 kilomètres de longueur et de 13 mètres » d'élévation ; de plus, il doit, sur tout son parcours, exproprier » des terrains de 8,000 francs l'hectare. Nous ne voyons abso- » lument rien de semblable par le tracé de l'Engranne ; pas de » tunnel, pas de remblai, des terrains bon marché, quand ils ne » seront pas offerts gratuitement. »

Se figure-t-on ce remblai de quarante pieds d'élévation (la hauteur de la colonnade du Grand Théâtre de Bordeaux) sur une longueur de 5 kilomètres ? Et pourtant cela n'est pas plus exagéré que l'évaluation des terrains de la Bénauge (tout le parcours, dit le mémoire) à 8,000 francs l'hectare.

Que dire encore de ces étonnantes assertions (p. 5) :

« La vallée de la Garonne paraît rester complètement indiffé- » rente, sinon hostile, au tracé par Cadillac.... Une preuve » manifeste de l'indifférence que nous indiquons, se verra pro- » chainement dans les réponses que vont faire les communes à » la demande de l'État pour les dons gratuits de terrain. On » peut signer des pétitions pour demander l'établissement d'un » chemin de fer ; on peut désirer vaguement dans le voisinage de » son habitation le passage d'un train qui, s'il n'a pas d'autre » utilité, donne au moins la vie au paysage ; mais quand il s'agira » de gratifier l'État de ces fertiles parcelles d'alluvions de Lou- » piac, de Cadillac, de Sainte-Croix, on raisonnera différemment. » On pèsera mûrement les avantages à venir, et, en définitive, on » donnera peu, si l'on donne. »

Depuis que ces affirmations ont été risquées par l'honorable M. Jullidière, la souscription publique a été ouverte sur le parcours des deux lignes. La ligne par Cadillac a fourni le plus, malgré les conditions désavantageuses où elle s'est trouvée; et la ville de Cadillac même, à laquelle on semblait vouloir prêter de « l'hostilité », a fourni une souscription plus élevée que celles de toutes les autres localités; quatre fois plus élevée que la souscription de Libourne, deux fois plus que celle de Langon, que l'on disait les villes les plus sérieusement intéressées à l'exécution du chemin de fer.

On voit par là tout ce qu'il y a d'illusions dans ce mémoire, et, par celles que les faits ont si rudement renversées, on peut juger des autres.

Le dernier argument invoqué par M. Jullidière est relatif aux communes de Barsac et de Preignac, dont « les maisons seraient » démolies par des inondations bien moindres que celles de 1875, » dans le cas où l'on adopterait le tracé par Cadillac.

Je ferai d'abord cette remarque préjudicielle que, si les réclamations de Barsac et de Preignac étaient fondées, l'unique conséquence à en tirer serait l'utilité de modifier l'avant-projet dans la traverse de Sainte-Croix-du-Mont, et d'établir le chemin dans des conditions telles que toute préoccupation fût évitée. Mais il est excessif de prétendre tirer d'un fait local, restreint, et susceptible d'amendement, une conclusion générale contre la direction de tout un tracé. Cela dit, je me hâte d'ajouter que l'objection, en fait, n'est pas admissible.

Si l'honorable M. Jullidière avait pu venir étudier, sur les lieux, la cause à laquelle il s'intéresse, il eût vu, ce qu'il semble ignorer, que la rive droite de la Garonne, à Sainte-Croix-du-Mont et Loupiac, est protégée par une digue. Cette digue est aussi élevée, sinon plus, que la digue de la rive gauche devant Preignac; en sorte que celle-ci est dépassée par les eaux aussitôt que celle-là, ou même auparavant. Comment, dès lors, pourrait-on sérieusement parler des dangers que présenterait, en cas de faibles débordements, le remblai du chemin de fer de Libourne à Langon, lequel sera situé en amont, derrière la digue protectrice, et, par conséquent, hors de l'atteinte des eaux ?

Quant aux grands débordements, à ceux qui surmontent les

digues de la rive droite et celles de la rive gauche, ils viendront peut-être, à 5oo mètres des grands courants, mouiller le remblai; mais, comme celui-ci sera percé de ponts sur les cours d'eau (la Garonnelle, le Mouliot, etc.), il ne pourra, en aucune façon, restreindre le bassin submersible au bord duquel il sera placé, et, avec quelques décimètres d'eau à son pied, en aval et en amont, il n'offrira pas plus de dangers pour la rive gauche, que n'en présente, pour la rive droite, le chemin de fer du Midi, placé en des conditions pareilles, et contre la création duquel Cadillac, Loupiac, Sainte-Croix-du-Mont ont eu, il y a trente ans, le patriotique bon sens de n'élever aucune opposition jalouse.

On voit sur quel fondement repose l'allégation relative aux communes de Barsac et de Preignac. Elle a donné lieu à une pétition écrite en termes tels que je ne veux pas les relever. Pour toutes représailles, je me contente de la mettre sous les yeux de la Commission d'Enquête ([1]), à qui elle démontrera, j'espère, tout le contraire de ce qu'elle a voulu démontrer.

C'est aussi faute d'avoir songé à la digue de Sainte-Croix, que mon honoré collègue, M. Ferbos, s'est, à son tour, fait l'écho des réclamations de la rive gauche, réclamations chimériques qui ne méritaient point un tel patronage.

M. Ferbos estime que « le tracé par l'Engranne et la Garonnelle s'imposait tellement à la logique des faits comme à la
» logique des yeux, qu'en examinant la carte de la Gironde, les
» ingénieurs ne songèrent qu'à cette ligne, qui fut étudiée dès le
» commencement. »

En cela, M. Ferbos fait erreur; j'ai sous les yeux un rapport de M. Descombes, l'ingénieur en chef qui a fait l'étude par l'Engranne. Or, après indications de certains côtés faibles du projet, le dernier paragraphe de ce rapport (daté du 18 avril 1879), porte ceci : « Si nous avions continué à être chargé de
» la ligne de Libourne à Langon, nous aurions été d'avis
» d'étudier une variante par Daignac et Cadillac. »

M. Ferbos ajoute : « Nos adversaires demandent, sinon

[1] Voyez, à la fin, aux *Pièces justificatives,* le document n° IV.

» en droit, du moins en fait, un chemin de fer de Libourne à
» Cadillac, dont Langon ne serait qu'un embranchement. Le
» projet se trouve ainsi bouleversé : Cadillac prend la tête sur la
» Garonne ; Langon s'efface, ou, du moins, vient au second plan
» comme tête de ligne. »

Mais un pareil raisonnement serait applicable partout ; et l'on pourrait dire, avec une égale justesse, que le chemin de fer de Paris à Bordeaux aurait dû éviter Tours, Poitiers, Angoulême, Libourne, Libourne surtout, car, sinon en droit, du moins en fait, Libourne devient la tête de ligne et Bordeaux n'est plus qu'un embranchement.

Enfin M. Ferbos, pour montrer combien le canton de Cadillac a peu besoin d'un chemin de fer, énumère trois routes qui seraient parallèles à ce chemin. Mais deux de ces routes sont dans un autre canton, et sur la rive opposée de la Garonne. On les voit sur la carte, mais on n'en peut guère user, en réalité.

Par contre, M. Ferbos termine sa lettre en constatant que le tracé par l'Engranne traversera « du Nord au Sud l'arrondis-
» sement de La Réole, qui n'est traversé que de l'Ouest à l'Est par
» la ligne du Midi, et dans sa partie extrême, et que la ligne de
» La Sauve à Monségur et Eymet touchera dans ses limites Nord
» en suivant la même direction. »

Il me semble que voilà un arrondissement bien doté, encore a-t-on oublié de dire qu'il jouit, en outre, des mêmes fameuses routes et du même fleuve, que l'on a indiqués comme moyens de locomotion suffisants pour le canton de Cadillac.

Lorsqu'on constate à son profit la possession de tant de faveurs, on a, ce semble, mauvaise grâce à refuser au voisin de participer, pour une toute petite part, à l'un de ces avantages. Je dis participer, car le tracé par Cadillac traverse tout le canton de Targon, lequel fait partie de l'arrondissement de La Réole ; et, après avoir desservi la seule station de Cadillac (d'après le projet trop parcimonieux des ingénieurs), il rentre dans le même arron-dissement par le canton de Saint-Macaire.

J'allais oublier de mentionner une assertion de M. Ferbos, touchant les denrées susceptibles d'être dirigées sur Bordeaux.

Mon honoré contradicteur pense que, si le chemin de fer est fait par Cadillac, « Libourne drainera au détriment de l'approvision-» nement bordelais. » Pour répondre à cette allégation, je ne saurais mieux faire qu'emprunter un paragraphe de la délibération du Conseil municipal de Libourne. Il est dit en ce document que « le tracé par Targon-Cadillac absorberait au » profit de Bordeaux exclusivement les produits de la contrée, » au point de priver Libourne de ceux qui doivent y arriver tout » naturellement. » Jamais affirmations de défenseurs d'une même cause ne furent plus contradictoires. N'est-ce pas la preuve qu'elles n'ont aucune consistance et qu'on peut, à volonté, les employer en tous les sens? Ce n'est pas le seul cas où le tracé de l'Engranne a trahi, par sa faiblesse, ceux qui s'appliquaient à le défendre. Par exemple, la délibération de Libourne, après avoir avancé que le tracé par Cadillac « ferait de cette dernière » ville une véritable tête de ligne », en vient, un peu plus loin, à affirmer que ce même tracé pourrait « nuire peut-être à Cadillac » même ». Ailleurs, dans le même document, la plus grande sympathie est témoignée aux communes de Barsac et de Preignac, menacées par notre tracé des plus terribles inondations, et puis ces communes sont oubliées tout à coup, si bien qu'on lit plus loin ce paragraphe : « Qu'une ligne de Cadillac à Bordeaux, » prolongée jusqu'à Langon, soit étudiée plus tard, il n'y aurait » nul inconvénient. » Est-ce donc à dire que le remblai du chemin de fer n'aurait à Sainte-Croix-du-Mont d'influence funeste sur les débordements que dans le cas où l'on s'aviserait de ne point adopter le tracé par l'Engranne?

Je crois inutile de pousser plus loin l'examen de ces documents. J'ai relevé dans les uns ou dans les autres ce qu'ils avaient de commun ou de particulier. Émanant des hommes publics qui les ont produits, et qui, par situation, étaient en quelque sorte obligés de les produire, il ne m'était pas permis de les négliger. Mais il est temps d'aborder la question, non par ce qu'on a pu en dire, mais par ce qu'elle contient en réalité.

II

En vertu d'une circulaire de M. le Préfet de la Gironde, en date du 31 décembre 1881, mais arrivée, dans la plupart des mairies, le 3 et le 4 janvier 1882, les municipalités des communes situées sur le parcours des deux tracés du chemin de fer de Libourne à Langon, eurent à formuler, le 8 du même mois, c'est-à-dire quatre ou cinq jours après, leurs propositions de coopération à cette ligne, soit par des offres en nature, soit par des offres en argent. Les particuliers furent en outre invités à faire sans délai la déclaration de leurs souscriptions individuelles. Cette mise en demeure subite présentait cette circonstance particulière que le tracé par l'Engranne, datant de 1878, avait été piqueté sur le terrain, et que, par suite, on connaissait exactement son parcours; tandis que le tracé par Cadillac n'existant que sur des plans non communiqués au public, il n'était pas possible aux intéressés de connaître avec précision les propriétés affectées par son passage. De là, pour les partisans du tracé par Cadillac, une situation inégale et défavorable; car, si leurs compétiteurs pouvaient, à volonté, donner du terrain qu'on a toujours et auquel on tient moins quand il n'est pas productif, eux, étaient condamnés à tout traduire en argent comptant, en un temps où l'argent est devenu bien rare dans la bourse du cultivateur [1].

Si la froideur présumée des communes voisines de Cadillac avait été un fait réel, ces circonstances étaient de nature à le faire ressortir d'une façon bien évidente. Mais c'est le contraire qui a eu lieu. Les populations du tracé par Cadillac, forcées de tout donner en numéraire, ont donné beaucoup plus que les autres [2],

[1] Voir, à ce sujet, les observations que j'ai présentées au Conseil général de la Gironde, en sa session extraordinaire de janvier 1882.

[2] Les communes et particuliers intéressés au tracé par l'Engranne ont offert 105,808 fr., en terrain ou en argent. Les communes et particuliers intéressés au tracé par Cadillac ont offert 124,321 fr. en argent; chiffres communiqués au Conseil général de la Gironde en sa session extraordinaire, le 23 janvier 1882, et acceptés par cette assemblée.

ce qui est déjà un indice des éléments respectifs de trafic que peut trouver le chemin de fer; mais, dans la façon dont les unes et les autres ont donné, il est aisé de découvrir le mobile différent qui a déterminé les sacrifices.

Ce qui frappe dès l'abord dans cette souscription, c'est ce fait que Libourne et Langon, têtes de ligne du chemin dans l'un et l'autre projet, ont formulé des offres pécuniaires différentes, selon l'adoption de tel tracé ou de tel autre.

Libourne a offert 5,000 francs, Langon 10,000 francs, soit ensemble 15,000 francs, pour le cas où le tracé par Cadillac serait adopté; mais Libourne offrait 15,000 francs, Langon 25,000 francs, soit ensemble 40,000 francs, pour faciliter l'exécution du tracé par l'Engranne.

Quel peut donc être le motif de ces préférences? Y a-t-il sur le tracé par l'Engranne des centres populeux? Non! — Y a-t-il des établissements publics considérables? Non! — Y a-t-il un motif quelconque de plus grande affluence de voyageurs? Non! — Tout cela se trouve sur le tracé par Cadillac, mais non pas sur le tracé par l'Engranne.

Les intéressés nous parlent, il est vrai, de prétendues considérations stratégiques, de conditions techniques, de vues spéciales sur l'intérêt général; mais il est difficile de croire que ce soit un pur amour de l'art qui ait si libéralement ouvert les caisses municipales de Libourne et de Langon. La raison véritable de la préférence de ces deux villes pour le tracé par l'Engranne, elle se devine. Ce n'est ni Libourne ni Langon qui ont fait les études du chemin de fer, et, par conséquent, on ne saurait leur reprocher un acte d'exclusivisme prémédité; mais, avec l'un des projets présentés par les ingénieurs, Libourne a entrevu, pour son commerce, la perspective d'une pénétration sans partage dans toute une région de l'Entre-deux-Mers; et Libourne a escompté l'avantage qui lui en reviendrait. Langon, de son côté, s'est dit que si l'État anéantissait Cadillac, en pratiquant une tranchée de détournement, au travers du trafic dont le courant constitue sa prospérité, Langon hériterait de ce qui serait ainsi ravi à Cadillac : et Langon n'a pas voulu accepter l'éventualité de cet héritage, sans s'engager à en payer les droits de succession.

Je crois que là est la vérité. Et la preuve qu'elle est bien là, c'est que l'attitude de Bordeaux et de Cadillac est exactement la contre-partie de celle de Libourne et de Langon. Bordeaux n'a pas été appelé à fournir un concours financier, et Bordeaux, qui n'est point menacé de ruine, s'est expliqué par l'organe de sa Chambre de commerce, de son Conseil municipal, de sa Chambre syndicale du commerce des vins, avec la gravité qui convient à une grande cité. Pour Cadillac, il s'agissait de vie ou de mort, de continuation d'activité ou de subite décadence : aussi n'a-t-on pas hésité. La situation financière de cette ville est notablement éprouvée par de récents et considérables sacrifices ; mais, en présence d'un désastre menaçant, elle a voulu faire tout ce qui serait nécessaire pour le conjurer.

Elle a donc voté 50,000 francs, et a décidé que, si la souscription générale n'atteignait pas 110,000 francs, elle parferait la différence, quel qu'en fût le chiffre.

Au fort de la tempête, les passagers jettent par dessus bord toutes les richesses de leur cargaison, afin de sauver le navire qui les porte. Dans une situation analogue, les Cadillacais font les mêmes sacrifices. Sans prétendre ériger en axiome la perpétuité de sa durée, comme le fait la fière devise de Paris, la petite ville garde l'espoir légitime de ne pas être submergée, et rame de toutes ses forces pour échapper au naufrage.

Libourne, par ses voies ferrées, rayonne sur Paris, sur les Charentes, sur Bordeaux, sur Bergerac ; Langon, par ses voies ferrées, rayonne sur Cette, sur Auch, sur Bazas, sur les Landes, sur Bordeaux. De telles situations sont certainement privilégiées ; toutefois Libourne et Langon doivent encore trouver avantage à la ligne qui porte ces deux noms. Cela est naturel ; nul n'y contredit, et le tracé par Cadillac est si peu exclusif de ce résultat que Libourne et Langon donnent aussi des subventions pour l'exécution de ce tracé. Mais, lorsqu'on peut servir tout le monde en suivant la ligne directe, s'en détourner afin d'enrichir les uns par l'appauvrissement des autres, c'est ce que l'État ne peut songer à faire, et, nous l'espérons fermement, c'est ce qu'il ne fera pas.

III

Dès le mois d'avril 1877, avant qu'il fût question du chemin de fer de Libourne à Langon, j'avais, devant le Conseil général de la Gironde, exposé les raisons qui militaient en faveur d'un chemin de fer traversant la Bénauge pour descendre à Cadillac et joindre Langon par la rive droite de la Garonne. Le projet de M. de Freycinet vint, peu après, fournir à ce souhait une chance de réalisation prochaine, et je ne négligeai rien de ce qui pouvait conduire à cette réalisation. Les premières études faites furent cependant appliquées à la vallée de l'Engranne. C'est alors que je sollicitai du Conseil général, ce qu'il accorda, l'émission d'un vœu en faveur d'études comparatives par la vallée de l'Euille [1]. Vers cette époque, l'honorable M. Descombes, ingénieur en chef, cessa d'être chargé du service du chemin de fer qui nous occupe, et l'on a vu plus haut que la dernière phrase de l'un de ses rapports exprimait le désir qu'il aurait eu d'étudier la ligne par Cadillac.

Le respectable et regretté M. de Laroche-Tolay fut chargé de cette étude, à la suite de laquelle il formula un rapport concluant à l'adoption du tracé par Cadillac.

Lorsque cet avant-projet me fut communiqué, tout en me réjouissant de conclusions conformes aux propositions que j'avais formulées moi-même, je remarquai deux inexactitudes de détail.

La première se trouvait sur le plan au quarante millième.

Dans la traverse de Sainte-Croix-du-Mont, on avait figuré un état topographique n'existant plus depuis de très longues années. Le cours de la Garonne était indiqué comme passant au pied du coteau, par un ancien bras ayant existé au commencement de ce siècle, mais qui est comblé depuis plus de trente ans. Cette erreur avait pour effet de faire croire, à première vue, que le chemin de fer, à Sainte-Croix-du-Mont, passerait tout à côté du lit du fleuve ; tandis qu'en réalité il en serait éloigné de plus de

[1] Voir les procès-verbaux des délibérations du Conseil général, séance du 1er mai 1879, p. 424 et suiv.

5oo mètres. M. de Laroche-Tolay, averti par moi,.fit corriger le plan; mais j'ai lieu de croire que cette méprise n'a pas été étrangère aux réclamations formulées plus tard par Preignac et Barsac, communes induites en erreur par ce qu'elles pouvaient savoir des conditions premières du plan [1]; et il faut constater que la carte fournie pour l'enquête serait de nature à entretenir leurs préoccupations, car elle reproduit la carte de l'État-Major, où est représenté le bras du fleuve qui n'existe plus, et elle figure deux îles, depuis longtemps incorporées à la rive droite, et rattachées à cette rive par des plantations continues renforçant une digue élevée de plus de 8 mètres au-dessus de l'étiage.

L'autre inexactitude se trouvait dans une phrase du premier rapport de M. l'ingénieur Boyé, phrase qu'a empruntée récemment le rapport de l'honorable M. Surchamp, maire de Libourne. Il y était dit que le pays de l'Engranne est un peu plus peuplé que celui de Cadillac. Je fis remarquer à M. de Laroche-Tolay que cette assertion était l'inverse de la réalité, et, pour le lui démontrer, je fis le relevé de tous les centres de population compris dans une bande latérale de deux kilomètres de la largeur, décrite des deux côtés de chacun des tracés. Ma pensée, en usant de ce procédé, n'était pas de rechercher précisément quelles populations seraient intéressées au chemin de fer ; car une telle supputation est toujours pleine d'incertitude, et, quand il s'agit de deux lignes si rapprochées, les attractions se croisent et se confondent. Mais, en constatant le chiffre de la population occupant la zone même du territoire devant servir à l'assiette de l'un ou de l'autre projet [2], j'obtenais des éléments d'appréciation stricte-

---

[1] Bien longtemps avant que les réclamations de Barsac et de Preignac eussent été formulées, j'avais prévu les arguments que pourraient tirer de cette étrange méprise les adversaires du tracé par Cadillac. La note de la page 13 de mon mémoire de 1880 pressentait les conséquences en rectifiant le fait. Mais à certaines erreurs on peut appliquer le mot de Beaumarchais : « Il en reste toujours quelque chose. »

[2] J'ai poursuivi cet objectif avec une telle rigueur, que je n'ai pas compris dans mon relevé la commune de Cérons (1,3o6 habitants), située sur la rive opposée, bien qu'elle soit unie à Cadillac par un pont fixe et distante de moins de deux kilomètres.

ment mathématiques et susceptibles de permettre une étude comparative.

Mon relevé ainsi établi accusait 13,988 habitants pour le tracé par Cadillac, et 9,099 habitants pour le tracé par l'Engranne.

M. de Laroche-Tolay adopta la base de mon expérience et la fit vérifier. Le service ne trouva point absolument les mêmes chiffres, parce que, sur plusieurs points, il crut devoir se départir de la limite de deux kilomètres que j'avais rigoureusement observée; et aussi parce qu'il prit les chiffres de population dans l'*Annuaire de Lagrell,* inexact sur ce point. J'avais emprunté les miens au dénombrement officiel de la Franee de 1876.

C'est dans ces conditions, et sous la réserve des rectifications présentées dans mon mémoire de 1880 et dans une lettre écrite au Ministre des travaux publics le 3 décembre 1880, que le Conseil supérieur des ponts et chaussées fut consulté. Sa décision, dont je ne trouve nulle part mention dans le dossier de l'enquête, et que, pour ce motif, je relate ici avec une insistance particulière, fut prise le 10 février 1881. Le Conseil supérieur des ponts et chaussées « prit en considération l'avant-projet de la ligne » de Libourne à Langon, par ou près Génissac, Targon, » Cadillac. »

A partir de ce moment, le tracé par Cadillac est devenu ce que, dans l'administration des ponts et chaussées, on appelle le tracé principal. D'après la jurisprudence ordinairement adoptée, il eût pu être mis seul à l'enquête. L'administration a voulu concéder aux partisans de l'Engranne tous les moyens de réclamation; mais la ligne par Cadillac est la ligne officiellement proposée, et il importe de la considérer avec ce caractère spécial.

Avant de clore ce chapitre, j'ai à dire quelques mots au sujet des conclusions d'un rapport fourni par les ingénieurs pour l'enquête. La question de quotité de population a été l'occasion d'un travail nouveau ne concordant pas avec les chiffres que j'ai formulés. En effet, M. l'ingénieur Pasqueau a cru devoir modifier le procédé de recherche que M. de Laroche-Tolay m'avait emprunté. Au lieu de bandes latérales de 2 kilomètres, il a pris 5 kilomètres comme base de son expérience, ce qui me paraît avoir l'inconvénient de prêter à la confusion, dans les parties où les deux tracés sont voisins. Puis, au lieu de relever dans ces zones longitudinales toutes les communes traversées, il compte seulement les 5 kilomètres à partir des stations projetées et en suivant les routes existantes.

L'opération ainsi exécutée accuse pour le tracé de Cadillac, 47,723 habitants, et pour celui de l'Engranne, 45,124 habitants; soit une différence de 2,599 en faveur du tracé par Cadillac. Mais le procédé employé n'est peut-être pas suffisamment rigoureux, car, d'une part, les chemins actuels peuvent être prochainement modifiés, ce qui entraînerait des modifications de distance; puis, d'autre part, la question des gares est loin d'être tranchée, quant au nombre et quant à l'emplacement. Ces deux données incertaines sont de nature à entraîner de très sérieuses variations de calcul. Par exemple, sur la carte fournie pour l'enquête et destinée à représenter les populations intéressées (¹), la commune de La Sauve n'est point désignée, comme le sont les communes desservies dans le rayon de 5 kilomètres. Le plus minime déplacement de la gare augmenterait sur ce point de 1,022 habitants le total de la population du tracé par Cadillac. Mais il n'est pas même besoin de cette modification; car j'ai fait mesurer par les hommes les plus expérimentés cette distance incertaine, et l'on n'a trouvé que 4,150 mètres depuis La Sauve jusqu'à la gare la plus voisine. Même observation pour Barsac, qui a une population de 2,876 habitants. Sa distance de la gare projetée à Cadillac par les routes et le pont actuels n'est en réalité que de 4,800 mètres.

Voilà donc près de 4,000 habitants à ajouter aux 2,600 que les ingénieurs trouvaient en plus du côté de Cadillac; cela élève à 6,600 la différence en faveur du tracé par Cadillac, et cela l'élèverait à plus de 9,000, si l'on admettait que le service, très

---

(¹) Carte de l'État-Major. — J'ignore à quel document on a emprunté les chiffres de population inscrits dans les cercles colorés de cette carte. Ils ne concordent pas toujours avec ceux du recensement officiel de 1876. Par exemple, Cadillac a officiellement 2,899 habitants, la carte en indique 2,800; Podensac en a 1682, la carte en mentionne 1622.

régulier, du bac de Preignac fût un moyen suffisant pour relier cette commune avec la gare de Verdelais.

Ainsi, même en comptant au profit de la ligne de l'Engranne le contingent de Saint-Émilion, et en ne le comptant pas au profit de la ligne de Cadillac (que les Saint-Émilionnais trouveraient à Libourne aussi facilement qu'ils trouveraient l'autre à Saint-Sulpice-de-Faleyrens), on arrive à la démonstration d'une grande supériorité du tracé par Cadillac, quant au chiffre de population. Je constate le fait, en maintenant l'exactitude des calculs présentés dans mon mémoire de 1880.

Il résulte donc de ce qui précède, d'abord : qu'une erreur graphique, sans importance apparente, a pu servir de motif ou de prétexte aux protestations de Barsac et de Preignac; ensuite, que le tracé par Cadillac représente une population beaucoup plus dense que ne le fait le tracé par l'Engranne; enfin, que le tracé par Cadillac est le tracé officiellement proposé, et que cette qualité ne lui est pas dévolue uniquement par la préférence des ingénieurs du service, mais encore, et surtout, par la prise en considération du Conseil supérieur des ponts et chaussées, en sa séance du 10 février 1881.

IV

Comment, en résumé, la question se présente-t-elle aujourd'hui ?

D'un côté, un tracé de chemin de fer, celui de l'Engranne, ayant plus de longueur, puisqu'il décrit une courbe très accentuée, un arc de cercle dont le tracé par Cadillac serait la corde. La longueur du tracé par l'Engranne serait de 47,617 mètres ; et, sur cette longueur, il présenterait une section de plus de 13,000 mètres faisant avec le chemin de fer de Bergerac le double emploi le plus exorbitant que l'on puisse imaginer, car ce segment coûterait de deux millions et demi à trois millions, dépensés en pure perte au milieu de populations déjà desservies, à côté d'un chemin de fer existant, sur la même rive de la Dordogne; tandis que cette grosse somme, dépensée à établir le chemin de fer sur l'autre rive de la Dordogne, dans les cantons de Branne et de Targon, y serait d'une efficacité puissante, dans une région déshéritée et susceptible de fournir un immense trafic de pierres.

Outre cela, ce tracé aurait la déplorable conséquence de bouleverser le mouvement commercial existant, et de détourner sur Langon les denrées de toute nature qui se portent actuellement sur Cadillac, font sa prospérité, et contribuent dans une large mesure à l'approvisionnement de Bordeaux.

Après un pareil exposé de faits incontestables : double emploi irrationnel et injuste, déviation de la ligne directe, excédent de longueur, excédent de dépense, on s'attend du moins à entendre formuler une raison justificative de ces conditions défavorables ; par exemple : le passage dans un grand centre, expliquant le détour, ou le passage dans une série de communes populeuses. Mais cette raison ne peut être fournie, car elle n'existe pas. Le tracé qui, au sortir de Libourne, côtoie, à une distance de quelques centaines de mètres, la ligne de Bergerac, vient encore, en approchant de Saint-Macaire, côtoyer la ligne du Midi, au point de rendre impossible, dans l'avenir, la ligne du Dropt, et dans l'intervalle, de Saint-Jean-de-Blaignac à Verdelais, il ne traverse pas une seule commune de mille habitants. On parle de Frontenac et de ses pierres ; mais ce n'est point la ligne de Libourne à Langon qui servirait Frontenac ; elle lui deviendrait, au contraire, préjudiciable, car elle obligerait l'État à diriger sur Targon la ligne de La Sauve prolongée, et c'est la ligne de La Sauve qui serait utile à Frontenac ; c'est la ligne qui porterait à Bordeaux les pierres applicables aux travaux de luxe, pierres que n'utiliseraient aussi constamment ni Langon, ni la région des Landes.

De l'autre côté, que nous offre le tracé par Cadillac ?

A très peu de chose près, il suit la ligne normale, la ligne droite, avec un raccourcissement de quatre à cinq kilomètres, c'est-à-dire du dixième du parcours. Par suite, économie dans les frais d'établissement, diminution assurée dans les prix de transport ; il ne crée aucun double emploi, car on ne peut pas considérer comme un double emploi le voisinage du chemin de fer du Midi, entre Cadillac et Saint-Macaire, lorsque ce voisinage n'est réel qu'à vol d'oiseau, et rencontre, comme obstacle permanent, un fleuve large et souvent inhospitalier, la Garonne.

Il porte l'activité dans des régions riches en calcaire à construction : Espiet, Daignac, Dardenac, au nord ; Soulignac, Escoussans, Arbis, Omet, au midi.

Il dessert Génissac, Moulon, communes considérables du canton de Branne. Il traverse Targon, chef-lieu de canton important par sa situation topographique, son commerce, sa population ; et il débouche dans la vallée de la Garonne à Cadillac, ou plutôt au point de concentration de ces petites villes ou grosses communes qui s'appellent Cadillac, Beguey, Rions, Podensac, Cérons et Loupiac, et qui, à elles six, forment un total de près de 10,000 habitants. Mais, à Cadillac même, que trouve le chemin de fer ? Un centre commercial dont le chiffre d'affaires variées est des plus considérables, et qui, en outre, pendant toute la saison des légumes et des fruits, présente des marchés de huit à dix mille francs par jour, chiffres que pourrait facilement quintupler l'influence d'une ligne ferrée. Il trouve là enfin deux grands établissements de l'État : une maison de détention, un asile d'aliénés, établissement dont les conditions d'existence seraient rendues singulièrement difficiles, si le projet par l'Engranne venait, par son exécution, amoindrir les ressources alimentaires qui affluent aujourd'hui à Cadillac ; tandis que le projet par Cadillac, tout en rendant plus commodes et plus avantageux les approvisionnements, mettra ces deux grandes maisons en communication directe avec le centre de la France, ce qui n'existe en ce moment que d'une façon fort défectueuse par la gare de Cérons, où les transbordements sont toujours nécessaires, et dont souvent l'accès est totalement interdit pour l'autre rive par la submersion des culées du pont de Cadillac. Enfin la création du tronçon riverain de Cadillac à Saint-Macaire sera le gage de la création future d'un chemin de fer longeant la Garonne sur la rive droite, création aussi désirable pour la région que pour la grande ville de Bordeaux.

Toutes ces raisons, ce n'est point par un artifice de rhétorique que je les énumère, c'est la réalité éclatante qui les accumule, qui les presse; et on les trouvera maintenant reproduites partout où il y a autorité exceptionnelle pour les invoquer: dans les rapports des ingénieurs, au Conseil supérieur des ponts et chaussées, dans les délibérations de la Chambre de commerce de Bordeaux, dans celles du Conseil municipal de Bordeaux et de la Chambre syndicale du commerce des vins.

Comment donc pourrait-on songer à mettre en parallèle des projets dont la valeur est aussi dissemblable? La comparaison n'est possible qu'entre choses au moins analogues: ici, il n'y a que différence et disproportion.

D'une part, l'intérêt de l'État se trouve d'accord avec tous les intérêts: celui des établissements de l'État, qui demandent l'adoption du tracé par Cadillac; celui des cantons de Branne, Targon, Créon, Cadillac, qui le demandent; celui de Bordeaux, celui de son commerce, qui le demandent; celui enfin de Libourne et de Langon, puisque Libourne et Langon subventionnent aussi le tracé par Cadillac.

De l'autre côté, rien de pareil. L'État ferait un chemin plus long, dépenserait plus d'argent, obtiendrait moins de trafic, lèserait ses propres établissements, porterait atteinte aux intérêts de Bordeaux et du commerce de Bordeaux, se priverait de l'avantage de tirer d'une seule ligne deux utilisations efficaces... et tout cela, pour favoriser, à l'exclusion et au détriment de tous les autres, les seuls intérêts de Libourne et de Langon!

Exposer cette alternative, c'est résoudre la question dans le sens où, nous en avons la ferme confiance, elle sera prochainement résolue par les Commissions compétentes et par l'État.

R. Dezeimeris,
Conseiller général de la Gironde.

PIÈCES JUSTIFICATIVES

I

Bordeaux, le 11 janvier 1882.

LES MEMBRES COMPOSANT LA CHAMBRE DE COMMERCE DE BORDEAUX

à **M. Dezeimeris,** *Conseiller général de la Gironde, à Bordeaux.*

Monsieur,

En réponse à la lettre que vous nous avez fait l'honneur de nous adresser, le 9 courant, et par laquelle vous sollicitez notre opinion au sujet des tracés en cours d'examen pour l'exécution de la ligne ferrée de Libourne à Langon, nous nous empressons de vous faire savoir qu'il résulte de l'examen approfondi que nous avons fait de cette affaire, que notre opinion est entièrement favorable au tracé par Cadillac.

Pour justifier cette appréciation, nous n'entrerons pas, Monsieur, dans de longues considérations. Les raisons de décider ressortent, en effet, suivant nous, de la façon la plus évidente de l'examen des projets en discussion; elles s'imposent, en outre, grâce aux judicieuses observations que vous développez dans votre Étude.

Le tracé par l'Engranne est, en effet, plus long de 5 kilomètres que celui par Cadillac, et longe, dans une portion du chemin à parcourir, les lignes de Libourne à Bergerac et de La Sauve, ne créant de la sorte aucun avantage important à la locomotion des marchandises et des voyageurs. Il ne dessert, en outre, d'une manière directe, que des localités représentant ensemble 8,000 habitants, tandis que la ligne de Cadillac intéresse particulièrement des communes d'une population de 14,000 habitants.

Le tracé par l'Engranne éloigne, en outre, de Bordeaux un courant considérable de marchandises qui, se concentrant d'une façon traditionnelle à Cadillac, descendent naturellement par les voies navigables vers la métropole du Sud-Ouest.

Tels sont, Monsieur, les motifs qui nous engagent à recommander d'une manière toute particulière, pour l'exécution de la ligne de Libourne à Langon, le tracé par Cadillac.

Veuillez agréer, Monsieur, l'assurance de notre considération la plus distinguée.

(Suivent les signatures :)

Armand Lalande, *Président;* Hubert Prom, *Vice-Président,* etc.

II

CONSEIL MUNICIPAL DE BORDEAUX

(Extrait du procès-verbal de la séance du 17 janvier 1882.)

Le Maire dit que, dans la séance du 20 mai 1879, le Conseil fut saisi d'une proposition relative au tracé du chemin de fer de Libourne à Langon. La question fut renvoyée à la commission d'administration locale, qui s'est réunie plusieurs fois et qui avait nommé M. Jouffre rapporteur; mais il ne parut pas opportun, à cause de circonstances particulières qui s'étaient produites, de donner suite à la discussion, et la question fut ajournée. Sans examiner si la commission d'administration locale est encore saisie, comme le Conseil général est appelé à se prononcer sur cette question le 23 de ce mois, il serait urgent, si le Conseil municipal désire faire entendre sa voix sur ce projet qui intéresse notre ville, il serait urgent qu'une décision fût prise sans tarder. Comme la question a déjà été examinée et que la Chambre de commerce s'est déjà prononcée, le Conseil ne jugera peut-être pas nécessaire le renvoi à la commission, et un vœu pourrait être émis dans cette séance.

M. Fourcade demande la parole et s'exprime en ces termes :

« Messieurs,

» Le Conseil général de la Gironde va être appelé, sous très peu de jours, à discuter les tracés des divers chemins de fer de l'État qui traversent notre département.

» Au nombre de ces chemins de fer, il en est un qui nous paraît intéresser plus particulièrement Bordeaux, c'est celui de Libourne à Langon.

» Deux tracés ont été étudiés :

» L'un part de Libourne, longe la *rive droite* de la Dordogne, à côté du chemin de fer de Bergerac, traverse cette rivière à Saint-Jean-de-Blaignac, remonte la vallée de l'Engranne jusqu'à Frontenac, et de là vient déboucher à Verdelais pour arriver à Langon.

» Ce tracé a le désavantage de bouleverser le mouvement commercial agricole établi dans la Bénauge et de diriger sur Libourne les marchandises et les denrées qui, actuellement, se portent sur Cadillac, et de là viennent à Bordeaux.

» L'autre tracé, au sortir de Libourne, pénètre immédiatement dans l'Entre-deux-Mers ; il croise, au-dessus de Targon, le chemin de fer de La Sauve, il traverse Targon, et, par la vallée de l'Euille, débouche à Cadillac. A partir de ce point, il suit la vallée de la Garonne pour la traverser à Saint-Macaire.

» Ce tracé, au lieu de troubler le trafic de la Bénauge, a pour résultat de l'accentuer sur Cadillac et d'augmenter par conséquent les rapports d'affaires que Bordeaux peut avoir avec ce centre. D'autre part, il met notre chef-lieu en communication directe, par le chemin de La Sauve, avec toute la partie de l'Entre-deux-Mers qui s'étend de Créon à Libourne.

» Enfin, et c'est là ce nous semble la conséquence la plus considérable du projet, il crée de Cadillac à Saint-Macaire un tronçon de chemin de fer riverain de la Garonne. Et comme, de Bordeaux à La Tresne, un autre tronçon riverain de la Garonne est créé par le chemin de La Sauve, il ne resterait plus, si ce tracé était exécuté, qu'à combler la lacune de 24 kilomètres environ existant entre La Tresne et Cadillac, pour qu'un chemin de fer longeant la *rive droite* de notre fleuve existât de Bordeaux à Saint-Macaire, c'est-à-dire dans la région du département qui est la plus peuplée et avec laquelle les communications sont à l'heure présente les plus difficiles et les plus lentes.

» Mais, Messieurs, ce qui doit vous frapper plus particulièrement dans les conditions respectives de ces deux tracés, c'est que l'un, celui par la vallée de l'Engranne, met Libourne, à l'exclusion de Bordeaux, en relation avec une contrée étendue productrice de vins ordinaires, tandis que le second, sans enlever aucunement à Libourne un pareil avantage, permet à Bordeaux de ne pas se trouver isolé de toute une contrée avec laquelle son commerce a le plus sérieux avantage à rester en communication.

» Pour ces motifs, nous estimons qu'il importe au plus haut point que le Conseil municipal fasse connaître son sentiment en cette circonstance, comme l'a fait d'ailleurs la Chambre de commerce, et émette le vœu que le tracé par Cadillac soit choisi par l'État, comme étant le seul qui, dans le présent, ne soit pas contraire aux intérêts de Bordeaux, et qui, dans un avenir prochain, puisse devenir grandement profitable à notre ville. »

M. Supsol appuie le rapport de M. Fourcade et se prononce pour le tracé de Cadillac.

Ce tracé par la vallée de l'Euille est plus court et plus économique qu'en s'élevant sur les plateaux de Sainte-Croix-du-Mont, il rapproche davantage Bordeaux du centre du marché de la Bénauge. Mais il est un motif qui doit décider surtout le Conseil municipal de Bordeaux en sa faveur. C'est que le tracé par Cadillac amènera forcément la création d'un chemin de fer sur la rive droite de Bordeaux à Saint-Macaire. Le chemin de fer existe de Bordeaux à La Tresne; si celui de Libourne passe par Cadillac, il n'y aura donc plus qu'à rejoindre ces deux tronçons, soit 24 kilomètres à construire pour doter Bordeaux d'un chemin de fer sur la rive droite qu'il réclame depuis si longtemps.

M. Jouffre dit :

« Messieurs,

» Dans la séance du 30 août 1878, vous avez étés appelés à statuer sur deux vœux ayant pour objet deux lignes de chemins de fer touchant aux intérêts commerciaux de la commune de Bordeaux, et à la suite du rapport présenté par notre honorabe collègue M. Gaden, vous avez pris la délibération suivante :

« Le Conseil renouvelle le vœu, plusieurs fois émis, pour la création » d'une ligne directe de Saint-Loubès à Bordeaux, avec gare distincte en » cette ville, et n'a pas d'objections à faire sur la construction d'une ligne » de Libournè à Langon, à condition que la ligne de Bordeaux à Saint-» Loubès lui soit accordée comme tête de ligne du chemin de fer des » Charentes. »

» Il ressort des termes de cette délibération une affirmation des plus positives en ce qui concerne le chemin de fer de Saint-Loubès à Bordeaux. Mais il n'en est pas de même à l'égard du chemin de fer de Libourne à Langon; ici vous étes pleins de réserves, et vous vous bornez à déclarer que le Conseil n'a pas d'objections à faire à la construction de cette ligne· Cependant des objections sérieuses s'étaient produites pendant la discussion qui précéda le vote; mais vous avez jugé que la compensation que vous demandiez était susceptible de sauvegarder les intérêts de la ville de Bordeaux, et vous avez adopté les conclusions de votre commission.

» Votre rapporteur ne vous propose pas de revenir sur cette décision, qui réservait du reste la question du chemin de fer de Libourne à Langon; car si vous n'avez pas d'objections à présenter à la construction de cette ligne, vous avez le devoir d'examiner quel est le tracé qui, tout en reliant les deux points à déterminer, affecte le moins les intérêts que vous êtes chargés de défendre.

» C'est ce que nous allons examiner.

» Trois tracés paraissent indiqués pour relier les deux villes de Libourne et Langon. L'un, dressé par les ingénieurs du département à une époque où des préoccupations d'ordre purement politique dominaient tous les intérêts. Ce tracé, partant de Libourne parallèlement au chemin de fer de Bergerac, traverse la Dordogne entre les communes de Cabara et de Blaignac et passe dans l'intérieur de l'Entre-deux-Mers, par les communes de Frontenac, Martres, Saint-Genis, Coirac, Castel-Viel, Gornac, Saint-

Martin-de-Grave, Semens, Saint-André-du-Bois, Verdelais et Saint-Macaire. Ce tracé, outre qu'il a l'inconvénient d'être parallèle au chemin de fer de Bergerac jusque dans les environs de Sainte-Terre, fait encore double emploi avec une grande section du chemin de fer projeté de La Sauve à Sauveterre, Mesterrieux et Monségur, et n'offre à notre cité aucun avantage réel.

» Loin de là, il est de nature à rompre des relations très anciennes et à détourner de leur écoulement naturel les produits de la contrée qu'il traverse pour les déverser soit à Libourne, soit à Langon, tandis que, par des habitudes séculaires, ils se groupaient à Cadillac, pour de là être dirigés par la voie fluviale sur le marché de Bordeaux. Ce n'est pas seulement une partie importante de notre ancien trafic avec la Bénauge que nous ferait perdre ce tracé, mais aussi, et cela est plus grave, une partie des approvisionnements que notre population tire de cette fertile contrée. Que ce projet soit soutenu par ses auteurs, cela se conçoit; mais le Conseil municipal de Bordeaux ne saurait voir d'un œil indifférent la construction d'une ligne qui, en détournant une partie de son transit, diminuerait aussi ses ressources alimentaires.

» Un autre tracé consiste à suivre la ligne que nous venons d'indiquer depuis Libourne jusque dans les environs de Frontenac et à se diriger de là sur la vallée de l'Euille, passant par les communes d'Arbis, Omet, Cadillac, Loupiac, Sainte-Croix-du-Mont et Saint-Macaire. Ce tracé offre, dans sa première partie, le désagrément que nous avons déjà signalé; mais il offre pour nous l'avantage de conserver la plus grande partie des relations que nous avons dans la Bénauge, en conservant le courant naturel des produits de cette région vers le marché de Cadillac.

» Enfin, Messieurs, à la suite d'un vœu formulé par l'honorable M. Dezeimeris, le Conseil général, sur la proposition de son rapporteur, M. Cazauvieilh, recommande à l'examen et à la sollicitude de l'administration :

» 1° Le tracé direct de Libourne à Langon par Génissac, Daignac, Cadillac et Saint-Macaire;

» 2° Une variante proposée par M. Dezeimeris à la ligne de la vallée de l'Engranne, ayant son point de départ à Frontenac, par Cadillac et Saint-Macaire;

» 3° Une variante indiquée par M. Chicou-Lamy, rapprochant la ligne étudiée du chef-lieu du canton de Branne;

» 4° La création d'une station à Saint-Macaire, conformément à la demande de M. Ferbos.

» En examinant les divers tracés qui viennent d'être indiqués, il est facile de remarquer que le Conseil général, tout en tenant compte des intérêts du département de la Gironde, s'est prononcé pour un tracé qui répond mieux aux intérêts commerciaux de la ville de Bordeaux, en ce qu'il ne crée pas de courant nouveau dans les échanges possibles et qu'il conserve à la ville de Cadillac, avec laquelle nous avons des relations si nombreuses, son importance commerciale comme marché principal de la Bénauge. Nous sommes heureux de nous trouver d'accord avec cette honorable assemblée pour recommander à l'attention de l'administration le tracé définitif de la ligne de Libourne à Langon, par ou près Génissac, Targon, Cadillac et Saint-Macaire.

» Sur quoi :

» Le Conseil municipal de Bordeaux,

» Considérant que le chemin de fer de Libourne à Langon, en détournant de Bordeaux le transit des marchandises et des voyageurs, nuira aux intérêts de cette ville ;

» Considérant que cette grave conséquence ne peut être compensée dans l'esprit des représentants de la ville de Bordeaux que par la perspective d'un intérêt supérieur pour la région ;

» Considérant que cet intérêt existe réellement dans la contrée riveraine de la Garonne située entre Langoiran et Saint-Macaire, contrée productive de grands vins, de fruits renommés, dont le trafic peut être grandement développé ;

» Considérant qu'un chemin de fer passant par cette région atténuerait pour Bordeaux même les inconvénients que présenterait un autre tracé ;

» Émet le vœu que la ligne projetée de Libourne à Langon suive un tracé touchant Génissac, Branne, Targon et Cadillac pour, de ce point, suivre la rive droite de la Garonne jusqu'à Saint-Macaire et Langon, et charge M. le Maire de transmettre l'expression de ce vœu à l'autorité supérieure et de déposer à l'enquête pour y défendre les intérêts de la ville de Bordeaux. »

M. Supsol préfère le motif qu'a fait valoir M. Fourcade à ceux que vient de développer M. Jouffre.

Il n'a point demandé la création immédiate d'un chemin de fer sur la rive droite, il ne s'agit point de cela en ce moment.

Mais il soutient que le tracé par Cadillac faciliterait singulièrement l'établissement prochain de ce chemin de fer.

C'est un motif qu'il devait faire valoir pour décider le Conseil à préférer le tracé par la vallée de l'Euille.

M. Fourcade ne voit aucune utilité à s'occuper pour le moment du chemin de fer qui doit relier Saint-Macaire à Bordeaux. Il s'agit aujourd'hui de se prononcer sur le tracé du chemin de fer de Libourne à Langon, et c'est sur ce point que le Conseil municipal de Bordeaux doit émettre un vœu.

Le Maire met aux voix le vœu proposé par MM. Fourcade et Jouffre.

Ce vœu est émis à l'unanimité.

SYNDICAT
du
COMMERCE EN GROS
des
VINS ET SPIRITUEUX
DE LA GIRONDE

III

Bordeaux, le 28 février 1882.

MONSIEUR,

J'ai l'honneur de vous informer que j'ai soumis à l'appréciation de la Chambre syndicale du commerce en gros des vins et spiritueux de la Gironde, votre lettre du 3 février courant, ainsi que votre mémoire en faveur du tracé du chemin de fer de Libourne à Langon par Cadillac.

Je suis heureux de vous apprendre qu'après une sérieuse discussion, et à l'unanimité, la Chambre syndicale a émis le vœu suivant dans la séance du 10 février :

« La Chambre syndicale du commerce en gros des vins et spiritueux de la Gironde, après avoir pris connaissance des divers tracés proposés pour l'établissement d'un chemin de fer entre Libourne et Langon ;

» Se référant aux considérants des vœux émis à ce sujet par la Chambre de commerce et le Conseil municipal de Bordeaux ;

» Considérant en outre que, durant les fortes crues de la Garonne, les habitants de la rive droite entre Langon et Bordeaux sont privés de communications directes avec cette dernière ville ; que cet état de choses constitue un véritable préjudice, tant aux habitants de cette ville qu'au commerce de vins ; que le tracé par Cadillac entraînera forcément, dans l'avenir, la construction du tronçon entre La Tresne et Cadillac et obviera ainsi à ce grave inconvénient ;

» Émet le vœu que le tracé du chemin de fer de Libourne à Langon passant par Cadillac soit adopté, et charge son président de transmettre ce vœu à l'Autorité supérieure et à la Commission d'Enquête. »

La Chambre a décidé que ce vœu sera communiqué à tous les journaux de Bordeaux avec prière de le publier.

La Chambre m'a chargé, en outre, de vous remercier du témoignage d'estime que vous lui avez manifesté en l'associant à vos efforts pour soutenir une cause des plus intéressantes pour le commerce de notre ville.

Veuillez agréer, Monsieur, l'assurance de ma parfaite considération.

Signé : RENAUD.

IV

AUX HABITANTS DE TOULENNE, PREIGNAC ET BARSAC

Le passage du chemin de fer de Langon à Libourne, par la vallée de l'Engranne ou par Cadillac, se discute sérieusement, et l'un ou l'autre de ces deux projets sera adopté incessamment.

La ligne par Cadillac, en passant par les alluvions de Sainte-Croix-du-Mont, aura pour conséquence fatale de rétrécir considérablement le bassin submersible de la Garonne et de causer ainsi une plus grande élévation des eaux, tout en rejetant les courants sur Preignac et Barsac. Cette situation entraînera la perte de nos récoltes dans les petits débordements, fera subir une dépréciation nouvelle à nos immeubles et mettra même notre vie en danger dans les grandes crues comme celles de 1875 et 1879.

Si Monsieur le Ministre des travaux publics et tous les personnages influents du département sont favorables à ce projet, c'est que d'ambitieux intrigants ont su capter leur confiance en leur cachant le danger qui en résultera, et ils ne craignent pas de porter ainsi la désolation dans nos contrées pour améliorer leur situation commerciale.

Le Conseil général doit se réunir le 23 janvier courant pour délibérer à cet effet, il faut donc protester énergiquement et sans retard.

Un groupe d'intéressés.